I0437666

Realizza quel che sei

"Il sentiero del sé"

di Vincenzo Isaia

Realizza quel che sei

XXX edizione 2025

Copyright©2025

ISBN 978-1-4717-4243-9

Indice

"Non si può avere il sole senza aver prima passato la tempesta, il buio. Allora scelsi di essere portatore di luce ad ogni costo, sempre e comunque. Il sole dell'alba, al mattino, è sempre una grande speranza ed è madre che ti sussurra: tutto è possibile, non arrenderti. Quello di mezzogiorno, spesso da tanti non considerato, irrispettato, è nobile, non giudica, non si fa giudicare, e in silenzio ci ama e sostiene. E quello del tramonto, ci ha già dato occasione per perdonarci e per vivere ogni giorno come il giorno zero, così come ogni settimana, mese e anno, per rinnovarci. Il sole s'apre in noi e su noi, è come un *alleluja*, un coro d'angeli con un'orchestra accordata in sol maggiore". Viviamo come il sole dunque: ogni giorno risorgiamo reinventati e nuovi, arriviamo al massimo nostro e poi dopo un lieve e meritato riposo, ascoltiamoci nel dirci di fare il nostro nuovo domani, quel domani che già da oggi dice ad ognuno di noi: " riprovaci ancora", sempre, comunque e ad ogni costo! La realtà è che la maggior parte delle persone pensa esclusivamente a sé stessa e proietta su di noi le sue aspettative, in pratica cerca di farci diventare ciò che ha già in mente. Capire chi siamo realmente e di scegliere cosa vogliamo davvero al di la di quello che gli altri pensino di noi. In pratica puoi scegliere da solo il tuo sistema di valori e come valutare e percepire te stesso. E' proprio vera la frase che noi siamo i nostri più peggiori nemici, così come possiamo essere i nostri più grandi amici.

Sii te stesso; tutti gli altri sono già stati presi. [Be yourself; everyone else is already taken.]

(Oscar Wilde)

Non è mai troppo tardi per essere ciò che avresti voluto essere.

(George Eliot)

Essere sé stessi in un mondo che cerca continuamente di cambiarti è la più grande delle conquiste.

(Ralph Waldo Emerson)

Che cos'è realmente l'autostima, che differenza c'è con l'autoefficacia?

Inizierei prima con il significato della parola, della sua etimologia per poi citare alcune parole, frasi e concetti di Morelli, Crepet, Erickson, Adler. Insomma vediamo cosa ne tiriamo fuori. Innanzitutto il termine stima, deriva dal latino "estimare" e può significare "valutare" o "determinare il valore di qualcosa o di qualcuno". Coerentemente con il significato di cui oggi vogliamo parlare, la stima di sé, implica il modo il cui ciascuno vede sé stesso, si giudica e il tipo di valore che si attribuisce. L'autostima è quel processo personale che ci porta ad attribuirci un valore, è l'atteggiamento che ciascuno di noi ha di sé stesso e comprende elementi cognitivi, emotivi e comportamentali, essa può essere definita come la valutazione che la persona ha di sé stessa: come sono? quali sono i miei punti di debolezza, quali quelli di forza? Essa è definita dal rapporto tra come ci vediamo e come vorremmo essere e aumenta quando viviamo nel rispetto dei nostri valori. È un processo attivo e dinamico, permette di accettarsi, di volersi bene e di voler bene agli altri. Possedere una buona autostima significa saper riconoscere in maniera realistica di avere sia pregi che difetti, impegnarsi per migliorare le proprie debolezze, apprezzando i propri punti di forza. Tutto ciò enfatizza una maggiore apertura all'ambiente, una maggiore autonomia e una maggiore fiducia nelle proprie capacità.

Cosa determina l'autostima?

Il concetto che una persona ha di sé si forma a partire dai primi anni di vita, sulla base dell'immagine che le viene riflessa dalle persone più significative (genitori, familiari, insegnanti, amici...) che vengono assunte come punto di riferimento. Esso deriva, quindi, dalle esperienze vissute, dalla storia di apprendimento, dal tipo di educazione ricevuta. I primi anni di vita e lo stile relazionale dei genitori e delle figure di riferimento sono molto importanti; i modelli che abbiamo avuto e il fatto che certi nostri comportamenti, pensieri ed emozioni siano stati rafforzati (premiati) o puniti, ci ha portato a definire i nostri valori, il nostro modo di pensare e di agire. Nella costruzione del concetto di sé sono quindi, fondamentali le esperienze avute e soprattutto le interpretazioni e i

8

significati che sono stati e sono loro attribuiti. L'idea che abbiamo di noi dipende anche dalle norme/valori tipici del contesto in cui cresciamo e viviamo, e dalle nostre esperienze di successo e fallimento. Le griglie di lettura o schemi cognitivi, che di conseguenza sviluppiamo nella nostra mente, vengono da noi "coltivati" e rinforzati, e poi riproposti anche in altri contesti e in altri tempi, spesso in modo automatico e inconsapevole.

Il concetto che abbiamo di noi stessi, dunque, lo abbiamo sviluppato in gran parte in gioventù; un'analisi del modo in cui siamo stati condizionati dagli altri in quei primi anni, ci aiuterà a conoscerci meglio.

Un modo per esaminare questo processo di condizionamento è quello di analizzare come il nostro passato ha determinato il nostro comportamento attuale: il nostro modo di socializzare, infatti, dipende dall'ambiente in cui abbiamo vissuto e da come siamo stati educati a comportarci e a comunicare. Durante l'adolescenza, la nostra personalità si modella sulla base della personalità degli adulti che ci circondano, e questo avviene in diversi modi: attraverso le critiche e i giudizi che riceviamo, i messaggi volti a imporci o a consigliarci determinati comportamenti, gli elogi e le attenzioni, le punizioni e infine i sentimenti che ci è concesso provare e manifestare.

Quattro punti focali:

- l'apprezzamento di sé e del proprio valore (per i propri talenti, qualità, bisogni, successi ecc.)
- l'accettazione di sé (dei propri punti di debolezza, errori, limiti, insuccessi, emozioni spiacevoli).
- l'affetto sincero verso sé stessi (disposizione benevola, positiva, amichevole verso sé stessi)
- l'attenzione e cura dei nostri bisogni.

La paura o la non accettazione del fallimento

Il rispetto per noi stessi aiuta ad entrare in un rapporto costruttivo con gli altri. Come si presenta una persona con bassa autostima? Come reagisce ad un fallimento una persona con scarsa autostima? Di fronte al fallimento, la persona con scarsa autostima potrebbe reagire con un atteggiamento di autocritica e si focalizzerà maggiormente sulle proprie mancanze, andando a peggiorare l'idea negativa che ha di sé. Più ho una buona stima di me, delle mie risorse e più tendo a sentire di avere dei diritti, coltivarli e farli rispettare. Perché è importante avere un buon livello di autostima?

Un buon livello di autostima tende a trattare l'altro con rispetto perché il rispetto per sé favorisce il rispetto per l'altro e l'assertività. Chi crede che i propri pensieri, emozioni e bisogni siano degni di valore pensa che debbano essere espressi. Una buona autostima fa sì che una persona si senta accettata per quello che è. Una scarsa autostima è concausa di alcune forme di disagio, dall'ansia, alla rabbia, alla depressione, alla collera, la debolezza fisica e mentale, depressione, panico, etc. Chi sperimenta bassa autostima spesso si sente inadeguato, tende a non dare importanza ai propri bisogni, sperimenta incertezza nel prendere una decisione e difficoltà a trovare una soluzione ad un problema o timore di sbagliare.

Le persone con bassa autostima generalmente sperimentano una scarsa fiducia in sé e nel mondo, hanno una difficoltà ad individuare obiettivi realistici e coerenti con le proprie aspirazioni, talvolta hanno la tendenza ad avere aspettative negative su quello che accadrà o sulle relazioni e a dipendere dagli altri per ciò che riguarda la definizione del valore come persona e delle capacità con una ricerca continua del consenso degli altri ed infine una scarsa disponibilità a rischiare. Per esempio, un debole può avere una bassa autostima e ritenersi sempre mediocre anche quando non lo è. Viceversa uno che è solo apparente può pensare che nulla gli è precluso perché in quel momento ha un notevole successo. Quest'ultimo esempio ci fa capire come l'autostima non sia un concetto statico, ma dinamico. Come una grande azienda che normalmente è abbastanza stabile, ma può avere alti e bassi, generati da eventi che accadono in essa o fuori di essa.

Ovviamente sarebbe auspicabile che l'autostima rimanesse sempre ai massimi livelli. L'autostima è il tuo personale giudizio su chi sei, in senso generale, su di te come persona. Proprio per questo la capacità di amare sé stessi è una parte importante. In teoria questa definizione la condivideranno tutti, ma in pratica accade quasi sempre il contrario. Stima, che significa giudizio, valutazione, misurazione. Insomma, è un valore che diamo. Auto, indica che si riferisce a te. Il giudizio riguarda te e lo fai tu stesso, o tu stessa. In sostanza sei tu che esprimi questo giudizio su te stesso, o te stessa. Sembra ovvio, ma non lo è così tanto.

L'autoefficacia – che cos' è?

L'autoefficacia è la fiducia di una persona nelle proprie capacità, abilità, potenzialità di esercitare un controllo sugli eventi e gestire la propria vita. E'quindi il senso di "essere capace di", di avere le abilità tecniche per svolgere con successo un determinato compito che si può avvertire come problematico. L'autoefficacia corrisponde alla convinzione di "sapere di saper fare", che si traduce nella capacità di utilizzare al meglio le proprie abilità, traendo il massimo vantaggio dalle possibilità dell'ambiente. In tre semplici punti autoefficacia:

a) comporta variazioni significative nei livelli di performance, nell'umore, nell'impegno, nello stato di salute;

b) può essere rafforzata;

c) si può direttamente influire, è sempre specifica ad un ambito di attività o ad una particolare classe di prove o situazioni.

Le convinzioni delle persone riguardo alla propria autoefficacia si possono originare da quattro fonti principali.

· Le esperienze dirette di gestione efficace, ovvero quelle in cui una persona affronta effettivamente una determinata situazione, costituiscono la via più proficua per acquisire un forte senso di autoefficacia. I successi determinano una solida fiducia nella propria efficacia personale, i fallimenti, invece, la indeboliscono.

· L'esperienza vicaria, fornita dall'osservazione di modelli. Il vedere persone simili a sé che raggiungono i propri obiettivi attraverso l'impegno e l'azione personale, aumenta nell'osservatore la convinzione di possedere anch'egli le capacità necessarie a riuscire in situazioni analoghe, allo stesso modo, l'osservazione di persone che falliscono. L'impegno, indebolisce il senso di autoefficacia dell'osservatore, abbassandone anche il livello di motivazione. L'impatto che può avere un modello è fortemente influenzato dal grado di somiglianza: è tanto più forte quanto più i modelli sono percepiti come molto simili.

· La persuasione; le persone che sono state convinte da altre di possedere le capacità necessarie per compiere efficacemente determinate attività, hanno più possibilità di attivare un impegno maggiore e prolungato rispetto a quelle che hanno dei dubbi in tal senso.

· Stati emotivi e fisiologici; è possibile modificare le convinzioni di autoefficacia, migliorando le condizioni fisiche, riducendo la propensione allo stress e ad emozioni negative e fattori che contribuiscono alla bassa autostima si combinano e interagiscono in modo diverso negli individui.

Sebbene non sia possibile cambiare le esperienze del passato che ci hanno forgiato, possiamo cercare di fare luce sui fattori e i meccanismi che hanno influenzato e continuano a influenzare l'immagine che abbiamo di noi stessi, per poter sviluppare nuove e più funzionali credenze su di noi e sulle nostre capacità. Alcune esperienze di vita possono portare a sentirsi insicuri, vulnerabili e di scarso valore.

In particolare, le esperienze che abbiamo vissuto con le nostre figure di riferimento nella prima infanzia contribuiranno alla creazione dell'immagine di noi stessi e dell'altro.

Ad esempio, esperienze precoci in cui ci siamo sentiti sminuiti, non all'altezza, di scarso valore influenzeranno negativamente la nostra autostima anche a distanza di molti anni. In quest'ottica, anche esperienze di bullismo e vessazioni ripetute in età scolare risultano essere particolarmente significative. Il background razziale e culturale e l'orientamento sessuale possono contribuire a una scarsa autostima, soprattutto qualora possano comportare discriminazione. Inoltre i social-media, sempre più presenti e pervasivi nella nostra cultura, veicolano immagini e modelli sempre più perfetti e difficili da raggiungere. Tutti questi fattori possono avere un impatto estremamente negativo sull'immagine personale e sull'autostima, ma i modelli che ci siamo costruiti, per quanto negativi e radicati, possono essere messi in discussione e modificati, lasciando spazio a idee e pensieri più positivi che portino ad un incremento dell'autostima e del benessere psicologico generale.

Esempi di atteggiamenti e/o comportamenti di soggetti con scarsa autoefficacia:

· Si allontanano intimidite dalle attività "difficili" e le considerano una minaccia personale;
· Hanno basse aspirazioni e investono scarso impegno nel

raggiungimento degli obiettivi che scelgono per sé stesse;

· Di fronte a compiti difficili, si concentrano sulle proprie carenze personali, sugli ostacoli che incontreranno e su tutte le conseguenze negative possibili, piuttosto che concentrarsi su cosa fare per riuscire;

· Riducono il proprio impegno e rinunciano facilmente quando si trovano di fronte a difficoltà;

· Recuperano lentamente il loro senso di efficacia in seguito ad insuccessi e regressioni;

· Non hanno bisogno di molti insuccessi per perdere fiducia nelle proprie capacità poiché attribuiscono le prestazioni scadenti alla propria mancanza di abilità e doti personali;

· Sono soggette allo stress e alla depressione.

Esempi di atteggiamenti e/o comportamenti di soggetti con buona autoefficacia:

· Affrontano i compiti difficili come sfida da vincere piuttosto che come pericolo da evitare, e tale atteggiamento costruttivo favorisce la motivazione a impegnarsi in ciò che fanno;

· Si pongono obiettivi ambiziosi e restano fortemente impegnate nel loro raggiungimento;

· Di fronte alle difficoltà intensificano il loro impegno e lo mantengono costante;

· Recuperano velocemente il loro senso di autoefficacia in seguito ad insuccessi o regressioni;

· Attribuiscono l'insuccesso ad un impegno insufficiente o a una mancanza di conoscenza o di abilità che possono essere acquisite;

· Affrontano le situazioni difficili con la sicurezza di poter esercitare un controllo su di esse;

· Grazie al loro atteggiamento efficace, hanno successi personali, limitando lo stress e la vulnerabilità alla depressione.

Il livello di autostima e di autoefficacia percepita svolgono un ruolo fondamentale nel modo di pensare della persona e, di conseguenza, nel modo in cui questa decide di comportarsi nelle varie situazioni interpersonali. Una limitata fiducia nelle proprie capacità e possibilità porta ad evitare di affrontare molte situazioni, il che a sua volta rafforza il senso di impotenza e di scarso valore. Se io penso di non valere e di non essere interessante quando sono con altre persone, cercherò di stare seduto in un angolo in silenzio; in questo modo sarà facile che nessuno o pochi mi rivolgano la parola, il ché confermerà la mia idea iniziale di non valere. D'altra parte, credere nel proprio valore spinge a "rischiare" e a voler raggiungere i propri obiettivi, cosa che porta ad esporsi e che, a sua volta, facilita il raggiungimento dei propri scopi. Se ritengo di valere e di poter essere anche simpatica è più facile che parli, dica la mia, partecipi alla conversazione; questo aumenta la probabilità che anche gli altri interagiscano con me, cosa che confermerà la mia idea di essere una persona che vale la pena conoscere.

Rispondi a queste domande

· Senti di avere obiettivi chiari e pensi di avere la responsabilità di raggiungerli?

· Ti ritrovi a prendere decisioni valutando positivamente le tue capacità?

· Impari dai tuoi errori e li usi come strumento per migliorare?

· Riesci ad accettare le critiche negative senza farti abbattere?

· Senti che ti stai prendendo cura di te stesso a livello fisico, emotivo e mentale?

- Senti di riuscire ad esprimerti apertamente e a comunicare liberamente?
- Ti ritrovi spesso ad avere un intenso bisogno dell'approvazione altrui?
- Ti capita di giudicarti o criticarti in molte situazioni differenti?
- Ti capita di avere difficoltà a fidarti delle altre persone, specie nelle relazioni intime?
- Sei molto sensibile alle critiche da parte degli altri?
- Ti senti spesso in ansia o ti preoccupi di poter far allontanare l'altro con i tuoi comportamenti?
- Ti ritrovi spesso ad evitare situazioni o comportamenti per paura di sbagliare?
- Senti di non riuscire a comunicare apertamente i tuoi stati emotivi provando vergogna e imbarazzo?

Ecco una lista di bisogni fondamentali

- il bisogno di dare e ricevere attenzione

- di prendersi cura del proprio corpo

- di avere uno scopo e obiettivi da raggiungere

- la necessità di una connessione a qualcosa di più grande di sé
stessi

- di sviluppare la propria creatività

- la necessità di intimità e connessione con gli altri

- di avere un senso di controllo

- di un senso di status e riconoscimento da parte degli altri

- di un senso di sicurezza e protezione

Prova a chiederti semplicemente quanti di questi bisogni senti di aver soddisfatto o meno.

Prova a passare del tempoa conoscere te stesso, ad identificare chi sei.

Alcune cose su cui puoi riflettere sono:

1. i tuoi punti di forza e talenti

2. riconoscere il tuo valore e scoprire le tue passioni

3. comprendere i tuoi valori e cosa è importante per te

4. cominciare a pensare al tipo di contributo che puoi dare al mondo

5. riconoscere i tuoi punti ciechi

Una gran parte del tuo esercizio è proprio focalizzata a riprendere questo contatto con te stesso.

Accetta te stesso e i tuoi insuccessi.

Considera la possibilità di accettare te stesso esattamente come sei. So che non è semplice e che non è del tutto razionale, ma puoi provare a pensare a te stesso in maniera diversa. Puoi cominciare a pensare che nonostante ciò che ti è stato detto, ciò che hai passato, quante cose hai sbagliato o quante sfide hai dovuto affrontare non hai nulla che non va. Stai facendo il meglio con ciò che hai. Tutti vorremmo essere accettati per chi siamo, ma prima dobbiamo accettare noi stessi.

Prova a chiederti: Che rapporto ho con i miei errori ed insuccessi? Probabilmente avrai risposto: non molto buono. Ma ricordati: i fallimenti sono lezioni.

La nostra bassa autostima si mantiene in piedi anche in base a come interpretiamo i nostri insuccessi e quanto li facciamo diventare parte della nostra identità. Non possiamo evitare gli errori, ma possiamo cambiare il rapporto che abbiamo con essi. Quando hai una battuta d'arresto è molto facile cominciare a pensare che continuerai a fallire in quest'area della tua vita. È facile pensare che tu stesso sia un fallimento. Invece, ricorda a te stesso che: solo perché hai fallito stavolta non significa che lo farai sempre; ciò non durerà per il resto della tua vita se continuerai ad andare avanti, agire ed imparare.

I giudizi che rivolgi a te stesso provengono, molto probabilmente, da ciò che hai imparato e da ciò che ti è stato detto crescendo, se proverai a sostituire il giudizio con la comprensione sperimenterai un livello di libertà mai provato prima.

<u>Smetti di mettere i bisogni degli altri prima dei tuoi.</u>

Quando dai troppa importanza al giudizio altrui finisci per mettere gli altri prima di te e questo non fa che alimentare il tuo senso di bassa autostima. Ciò non significa che non puoi essere gentile o prenderti cura degli altri, ma che dovresti sempre pensare prima a te stesso e a ciò che ti fa stare bene. Chiediti semplicemente: Quante volte lascio che ciò che gli altri pensano di me determini le mie azioni o decisioni?

<u>Smetti di parlare a te stesso in modo negativo.</u>

Una delle cose più importanti da fare per aumentare l'autostima è quella di identificare e mettere alla prova le emozioni e giudizi negativi che hai su di te. Nonostante tu sia probabilmente convinto della tua attuale valutazione di te stesso, in realtà questa è determinata da meccanismi perlopiù inconsci. La maggior parte delle tue convinzioni derivano dalla storia negativa che continui a ripetere ogni giorno. Quando sentirai di voler mettere in dubbio questa storia, allora comincerai ad accorgerti di quanto non faceva che tenerti rinchiuso in una vera e propria prigione nella tua mente. La tua storia è diversa da chi sei. La tua storia indica ciò che hai dovuto fare per sopravvivere e per difenderti da chi ti faceva del male. Circondati di persone positive ed allontana quelle negative.

Poiché gran parte della nostra autostima è influenzata dalle nostre relazioni, è sicuramente centrale circondarsi di persone che ci facciano stare bene e allontanare chi al contrario ci fa del male. Questo non è un processo semplice, ma essenziale. Trovare persone che sono disposte a starci vicino, ascoltarci, sostenerci e che ci possano accettare sia nei nostri pregi che nei nostri difetti può completamente rivoluzionare anche il modo in cui entriamo in contatto con noi stessi. Allo stesso tempo è necessario allontanare dalla nostra vita chi ci ferisce, chi consuma la nostra energia e ci impedisce di crescere.

<u>Comincia a pensare in maniera diversa al tuo corpo.</u>

Nella società attuale viene data una grande importanza all'immagine del corpo come elemento determinante per misurare il proprio valore. Nelle giovani donne, in particolare, l'ossessione verso il peso e la forma del corpo può manifestarsi attraverso diete restrittive e standard di magrezza eccessivi che possono anche danneggiare la loro salute e sfociare in veri e propri disturbi alimentari anche gravi (anoressia, bulimia, binge eating). Sia gli uomini che le donne con problemi di immagine corporea corrono il rischio di affidarsi ai loro corpi per attestare il loro valore, invece di vederli come una parte della loro identità. Il lavoro terapeutico può aiutare a cominciare a vedere ai propri corpi come strumenti per ottenere ciò che si vuole raggiungere nella vita e non qualcosa per dimostrare il proprio valore nella società.

Come diventare adulti: le tre fasi della psicologia evolutiva

Iniziamo dunque dalle tre fasi della psicologia evolutiva: esser bambini, adulti e genitori. Bisogna partire da un assunto: il coraggio di essere sé stessi e di come imparare pian piano ad essere autonomi. Insomma come diventare adulti sereni, liberi. Perché la maggior parte della gente, soprattutto dei giovani, ci crederete o no, in qualche modo capta l'insicurezza degli adulti, che dovrebbero essere loro guida, soprattutto quando vivono difficoltà in famiglia. La maggior parte delle domande che mi sono state rivolte in qualità di docente o di consulente trasla spesso su come diventare adulti, come si capisce il passaggio, come avviene, cosa fare per essere sicuri di sé. Allora parliamo di quella persona che potrebbe correr il rischio di diventare una persona profondamente insicura, proprio se, genitori, insegnanti, o la stessa società, non aiuta e chiarisce quanto sia fondamentale saper affrontare le difficoltà a gestire la propria indipendenza emotiva, il sé, senza cerca continuamente rassicurazioni, negli altri e in altro. Molti ragazzi, in poche parole, mi avevano fatto capire che a loro manca un reale esempio di sicurezza. Insomma una sana - oserei dire - figura dell'adulto. Come agire. Ecco dissi: qual è la differenza tra un bambino e un adulto?

Il bambino, ovviamente e necessariamente, dipende dai genitori, ne consegue che si diventa adulti quando, malgrado difficoltà, incertezze, problemi cerchiamo la risposta in noi, magari gli altri possono servire per un confronto, ma il loro parere non deve farci mettere in discussione totalmente. E perché dunque questa persona o chi come lui che tarda in questa consapevolezza sta male? Perché matura l'insana convinzione di avere "bisogno degli altri". Invece no! Bisogna avere solo dipendenza da sé stessi. Infatti, il cosiddetto genitore (anche se si abbiano o non abbiano figli, perché non è questo che fa un genitore, vedi ad esempio Madre Teresa di Calcutta, non è stata mai madre biologica ma lo è stata sicuramente per tanti e nel modo più vero e sincero) è colui che dovrebbe essere in grado di portare i figli ad essere autonomi e indipendenti, e nella società di oggi, questo, forse anche per un eccesso di apprensione, paure etc, avviene sempre meno. Persone che soffrono per motivi che possono essere superati acquistando forza e autostima, accettazione del vero sé; alla fine è molto più semplice di quello che pare, almeno in certi casi. La gioia più grande è che tutti questi ragazzi interpellati ad esempio in classe avevano fatto il cosiddetto salto cognitivo". La promessa fatta da ognuno di loro a sé stessi è che: una volta capito che la cosa più grande che la scuola possa fare è renderli liberi di essere serenamente sé stessi. Alla fine ci siamo fatti tutti un forte applauso di incoraggiamento, e ci siamo promessi di costruire insieme la frase: "non chiederci di cosa ha bisogno la società lì fuori, ma che la prima cosa che dobbiamo fare e insegnare ai più giovani è che, genitori, docenti devono trasmettere la fondamentale esigenza di chiederci che cosa ci rende davvero gioia e entusiasmo e poi di farlo e portarlo avanti se questa scelta prima di tutto nasce da un essere umano libero dentro.

La vita del mondo ha solo bisogno di persone libere. Questo è il messaggio e l'esempio più grande che si possa dare."

Paura di sbagliare? Di fallire?

Si è più grandi tentando e cadendo che rinunciando e rimanendo ancorati alla paura. L'estremo desiderio o volontà di successo, di perfezione, di riuscita certa, beh è radicata in ogni essere umano. Fateci caso, passate qualche oretta a parlare con qualcuno e le sue ambizioni più profonde, anche quelle più represse, nascoste, verranno fuori. Potrebbe essere una promozione lavorativa, una laurea, trovare un compagno di vita o avviare un'impresa, dichiarare l'amore a qualcuno, affrontare un esame. Tanti sogni, aspirazioni, purtroppo crollano, non a causa di tentativi falliti ma a causa della paura del fallimento del tentativo. Come dire, parlando con queste persone, mi sono accorto dell'ansia che li tiene

come fermi, allontanandoli dagli obiettivi. Conseguenza?
Mentre te ne stai lì fermo e fisso come un palo, eccolo lì il
treno della tua occasione è passato. La nostra mente
genera pensieri imprecisi, si chiamano distorsioni
cognitive, e nutrono maledettamente la nostra paura del
fallimento. Correggendo questi pensieri, possiamo ridurre
questa ansia e tornare sulla via giusta, in carreggiata per
raggiungere i nostri obiettivi.

Ecco cinque pensieri intrusivi e negativi di chi vive questa paura.

1. Il fallimento fa parte della mia persona.

Prendiamo il fallimento sul personale e dimentichiamo
che è un'esperienza che riguarda ogni essere di questa
terra. Tutti sperimentano il fallimento. Ci confrontiamo
con persone di successo e dimentichiamo che anche loro

hanno sperimentato molte delusioni nel loro viaggio verso la vetta. Faccio un esempio, Steve Jobs, Einstein, Edison. Michael Jordan, in una intervista detto: Ho perso più di 9.000 tiri nella mia carriera. Ho perso quasi 300 partite. Ventisei volte, mi è stato creduto di fare il tiro vincente della partita e ho sbagliato. Ho fallito più e più volte e ancora nella mia vita. Ed è per questo che ci riesco. Thomas Edison che è stato la forza trainante di importanti innovazioni come le lampadine e la cinepresa. Ha detto: Non ho fallito. Ho appena trovato 10.000 modi che non funzioneranno. Se leggende come Jordan ed Edison hanno vissuto dei fallimenti, allora come potremmo essere esentati tu o io da questa esperienza universale? La chiave non è prendere il fallimento sul personale, ma riconoscerlo come una preziosa esperienza di apprendimento che tutti noi viviamo.

2. Il prezzo del fallimento è alto

Ingrandiamo la nostra paura del fallimento saltando alla conclusione che ci saranno grandi ricadute se falliamo. Di conseguenza, evitiamo di fare domanda per la scuola di nostro interesse o anche per chiedere a qualcuno di uscire per un aperitivo. Saltiamo alle conclusioni senza mettere in dubbio la loro validità. Ad esempio, quanto rischi di perdere se vieni rifiutato per quella promozione, domanda di scuola o appuntamento? Ogni volta che corri un rischio, stai semplicemente afferrando una chiave per aprire la porta. Qual è la cosa peggiore che può accadere se la chiave non funziona? Sei bloccato nella stessa realtà con in mano una chiave apparentemente inutile. Ricorda che non intraprendere alcuna azione verso i tuoi obiettivi equivale a rifiutare una chiave.

Cadendo per paura del fallimento, garantisci il risultato. C'è una probabilità dello zero percento che la porta si apra.

3. Il fallimento non porta alcun vantaggio, è da esorcizzare.

Abbiamo la tendenza a fissarci sugli aspetti negativi del fallimento e a filtrarne i potenziali benefici. Evitiamo di perseguire i nostri obiettivi perché temiamo la delusione e la vergogna che potrebbero derivare dal fallimento. Tuttavia, dimentichiamo che il fallimento è una preziosa esperienza di vita perché ci fornisce un'opportunità d'oro per imparare e crescere. Direi anche che cresciamo più dai nostri fallimenti che dai nostri successi.

4. Se fallisco significa che la mia   intera persona è fallita, non valida.

Il fallimento è emotivamente doloroso perché lo interpretiamo come un attacco alla persona. Quando falliamo, sperimentiamo vergogna e una riduzione dell'autostima. Il fallimento non ha alcun riflesso sulla tua autostima. Può essere un'indicazione che hai spazio per la crescita personale e devi tornare al tavolo da disegno per affinare le tue capacità. Potresti anche aver fallito perché sei stato semplicemente sfortunato. Ad esempio, potresti essere stato un forte candidato per una posizione di lavoro ma stavi gareggiando contro centinaia di altri candidati forti. Tuttavia, la tua autostima non è determinata dal tuo livello di realizzazione. Nessun successo ti rende più degno.

Nessun fallimento ti rende meno degno. La tua autostima è una parte essenziale e innegabile della tua umanità. Sei degno perché sei umano.

5. <u>Non ho niente da perdere rimanendo fermo.</u>

Evitiamo di agire perché ci fissiamo esclusivamente su ciò che potrebbe andare storto. Tuttavia, non riusciamo a considerare che ci sono due facce di ogni medaglia. Mantenere lo status quo può avere un costo elevato. Ad esempio, immagina di lavorare per un'azienda che sta perdendo soldi. Stai sentendo voci di corridoio che i licenziamenti sono imminenti. Potresti aver paura della sicurezza del tuo lavoro, ma decidi di non esplorare le tue opzioni per paura che nessuno ti assumerà. Quindi, abbassi la testa e speri per il meglio. Riuscite a vedere come restare in un tale scenario può avere un prezzo elevato? Stai mettendo tutte le tue uova in un paniere fragile sperando che la tua azienda cambi le cose o che tu venga risparmiato durante i licenziamenti. Perché non rispondere ai segnali di pericolo agendo?

Puoi aggiornare il tuo curriculum, esplorare le opportunità di lavoro nel tuo mercato o persino parlare con un reclutatore. Rinunci ad agire permettendo alla paura del fallimento di prendere il sopravvento. Trovo questo più ansiogeno della paura del fallimento. E' preferibile prendere in mano la situazione e fallire in un'impresa piuttosto che permettere agli altri di dettare il proprio destino. Almeno si può imparare qualcosa del processo di fallimento. Ricorda che non vivi in una sfera di cristallo. E che quello che pensi sia solo un tuo problema non riguarda solo te. Ma tutti. Cadendo nella paura del fallimento, stai privando i tuoi cari dei benefici che derivano dal perseguire il tuo pieno potenziale. Quello è la cosa più grave che puoi fare a te stesso. Si è più grandi tentando e cadendo che rinunciando e rimanendo ancorati alla paura.

Paura, smascheramento di false morali e sensi di colpa?

Emanuela 28 anni mi chiede: si può amare una persona e desiderarne un'altra? Soffro molto perché in me sta accadendo proprio questo conflitto.

Se può essere utile allora cercherò di sintetizzare quello che è stato oggetto del nostro confronto, magari può sempre rassicurare. Partiamo dal fatto che a prescindere da imposizioni morali o quello che si chiama Super Io, il controllore che fa emergere proprio il divieto, il senso di colpa, ecco sbarazzandoci di tutte queste intrusioni chiamiamole così, ho detto ad Emanuela, chiediti prima cosa sia per te bene e male. Perché le ho detto questo? Semplice. A volte noi riteniamo bene e giusto che non porta a nessuna utilità, sembra brutto usare questa parola ma è così. Intanto diciamo che solo Dio qualora esistesse è bene immediato, consapevolezza immediata e quindi perfezione. Noi esseri umani ci dimentichiamo che oltre ad esser anima, siamo corpo. Quel bene che solo in un Dio è certo ed immediato in noi avviene gradualmente, per fasi. A volte ciò che sembra apparire come male potrebbe essere non solo il nostro più grande bene, ma anche la cosa più utile. Il problema è capire cosa per me è giusto o cosa è sbagliato. Allora ho chiesto ad Emanuela, tu chi sei e chi vorresti essere? La persona che non ha il coraggio seppur legata già ad un uomo di conoscere, confrontarsi con questa persona nuova per paura dei sensi di colpa, perché me lo dice la morale, perché ho coscienza che non sarebbe giusto, mentirei.

Se invece le dissi tu ti liberassi di ogni divieto morale, o religioso e peccaminoso, se fossi libera da ogni senso di colpa, cosa faresti, rispondimi nell'immediato, lei mi disse subito: proverei a conoscere anche quest'altra persona.

Visto? Mi Spiego!! Nell'animo umano agiscono impulsi contrastanti che creano dubbi, dilemmi, e portano ad agire in modo contraddittorio. E' appunto il conflitto di chi vuole accettare appunto di essere un umano non un Dio.

Due di queste tendenze che possono entrare in conflitto, rappacificarsi, o scontrarsi di nuovo nel corso della nostra vita sono la sessualità e l'amore. Non sempre ce ne rendiamo conto perché sessualità ed amore ci si presentano spesso fusi, oppure perché in molti casi l'amore sboccia dalla sessualità. Solo nell'innamoramento sono totalmente fusi. Il conflitto fra sessualità e amore può presentarsi anche all'interno di un amore solido, duraturo, che nessuna forza reale minaccia.

Perché il desiderio sessuale non si identifica mai

completamente con quello amoroso, soprattutto nel maschio. Ma accorgersi di una persona emotivamente, è anche un'ancora di salvezza, perché si può amare anche a prescindere da atti sessuali. Semmai le dissi se ti accorgerai che il cosiddetto altro può soddisfare il cosiddetto amore come dedizione, tenerezza, responsabilità, cura, allora quello che per te era un male, ti sta salvando, sta salvando anche il tuo compagno così come la nuova persona. Perché non ci sono altri modi di capire se non aprendosi serenamente e senza paure a nuove emozioni. Solo così potrai capire le ho diverse volte ripetuto cosa è bene realmente o male. La relazione nasce dall'attrazione, che poi porta al desiderio di stare con l'altro o di fare all'amore con l'altro. Vi sono comunque molte forme di attrazione personale che la gente abitualmente confonde, per esempio, la relazione erotica semplice di breve durata, l'amicizia erotica, le infatuazioni (erotica, di dominio, competitiva, divistica) che si presentano come passione ma che scompaiono con la quotidianità. E poi l'innamoramento che però non è un istante, è un processo. Tuttavia, dato che la relazione d'amore non è un semplice "processo produttivo" nel dare, nell'avere e il suo obiettivo non tende all'efficienza dei risultati ma mette in gioco emozioni e sentimenti, mi chiedo qual è il significato che lei attribuisce all'amore ed insieme che cosa esattamente intenda per "innamorarsi". L'amore per l'altro nasce perché siamo attratti da uno o più aspetti di personalità, modi di fare, di essere e fra questi troviamo la fisicità e la sessualità, la considerazione e l'accoglienza.

Molto spesso in modo inconsapevole, la ricerca del partner è guidata dalla necessità di soddisfare un proprio personale bisogno: può essere la gradevolezza di un corpo bello e armonioso o l'intelligenza, le capacità, la creatività, la vivacità, la riservatezza ecc. possedute dall'altra persona oppure il modo di esprimere affetti, sentimenti ed emozioni od anche la stima e le considerazioni che riceviamo dall'altro ed ancora etc. etc. Inoltre ci sono persone che scelgono il proprio partner per analogia, similitudini di sé stessi, altri preferiscono il partner fondamentalmente con caratteristiche differenti da sé stessi ed altri ancora non riescono a trovare un partner soddisfacente o perché non è chiaro per loro cosa chiedere, sono in conflitto, o possiedono un modello teorico di riferimento complesso nei confronti del quale il confronto con la realtà perde di motivazione ed interesse.

Quando ci si innamora di due persone che soddisfano separatamente i nostri bisogni, significa spesso che desideriamo confrontarci in modo egoistico solo con le parti delle persone di cui abbiamo bisogno e non tolleriamo le parti meno in sintonia con noi. Prima o poi nasce comunque un conflitto di "scelta": operare la scelta tra le "differenze" nel sentire, nel ricevere e nell'esprimere l'amore determina un conflitto perché vogliamo raggiungere due "mete", incompatibili tra loro ma entrambe gratificanti ed ambite. Se da una parte innamorarsi è "normale" e rappresenta una delle esperienze più significative per l'essere umano, tuttavia innamorarsi e fare innamorare non è poi così facile e scontato. C'è chi non sa godersi la dimensione del presente e innesca tutte le remore possibili per non lasciarsi andare, perché fin dall'inizio teme la fine. C'è all'opposto chi ha bisogno di vivere continuamente in uno stato di eccitazione e di tensione e crede nell'illusione di continui stress amorosi, mentre è poco disposto a impegnarsi in relazioni durature per le forti paure legate alla vita di coppia. È un problema di coinvolgimento. Ti incastri per certi versi con qualcuno e per altri con qualcun altro. Ma come evitare che questo atteggiamento diventi una specie di vizio? Un limite, che, in fondo, ti impedisce di amare, perché ti fermi e non vai oltre, una paura del coinvolgimento, una maschera che nasconde la tua insicurezza interiore.

Ognuno è perfetto in sé

Ognuno di noi, in fondo, può fidarsi di sé stesso, perché sai più di quanto pensa di sapere. Ognuno di noi è più grande delle circostanze che vive, noi siamo più di qualsiasi cosa possa accaderci, nel lavoro,

nelle relazioni amichevoli, a casa, con i genitori, con gli altri, con noi stessi, con quello che ci capita. I nostri limiti, le convinzioni che ci impediscono di svilupparci sono nella nostra testa, ed è proprio la testa che non dobbiamo abbassare mai, spesso manteniamo rapporti, relazioni solo perché spinti dal fatto che dire chiaramente "no" possa creare delusioni, problemi, isolamento. Invece la chiave sta proprio nell'assertività, lo facevo capire anche in un post di ieri dove parlavo di identità di essere sé stessi come la forza d'amore che ci porta all'attrazione di chi veramente siamo e vogliamo agire e non di quello che dobbiamo fare perchè deve piacere agli altri o non urtare le altrui convinzioni. Tenerlo sempre in alto Il sé, a costo di tutto e tutti. Ecco la regola d'oro!!!!Guardare il mondo dritto in faccia e non appoggiandosi al finto consenso degli altri. Vivere senza esser coerenti con chi si è, è troppo comodo, banale, ed è come se guidassimo la vita con le mani e le braccia spezzate. Saranno gli altri a guidarla, e tu penserai di essere sicuro, tanto no sarai messo in discussione penserai. Male, molto male, e triste. Agire nel rapporto d'amore con sè stessi, porterà sempre a questa oserei dire profezia: "alla fine tutto andrà bene. E se non è andato bene, allora si sarà comunque nella strada che porta a questo traguardo".

E' incredibile, e al quanto triste, vedere come tanti, con grande anche potenzialità, si lasciano essere, si abbandonino solo e sempre nell'apparire, e si circondino di pseudo-amici e fuggano sempre dalle cose che li mettono realmente alla prova, soprattutto nella dimensione emotiva e affettiva. Da quando mi occupo di consulenza psicologica ho chiaro una cosa che la maggior parte delle persone "ha una confusione enorme dei propri sentimenti", e se ne allontana sempre più, creando legami sempre sterili, e poi non capisce perché la loro vita non cambia, stando in fondo male con la bassa convinzione che: "loro sono sempre nel giusto e che la colpa è sempre negli altri". Fidarsi di sé stessi, ecco tutto, di chi si è, ecco la chiave, altrimenti sarà difficile essere circondati da persone allo stesso tempo capaci di sapere vedere in te una persona autentica. Ognuno di noi è incredibile, potente e meraviglioso!!! Non permettere agli altri di vedere il peggio di te per colpa della tua paura a non esser capace di dire, agire e pensare come realmente credi, senti di essere realmente, senza alcuna contaminazione. Ma prima, l'ostacolo di cui ci si deve sbarazzare, il peggiore nemico d'affrontare sei proprio tu, quel te stesso che fino ad oggi non hai saputo mettere in atto. Qualcuno si chiederà, belle parole ma non è facile. Ovvio, non è facile, non è nemmeno impossibile, e cambiamenti, anzi svelamenti di sè cosi richiedono anche un certo tempo. La vita è meravigliosa proprio perché ogni momento è un'occasione per conoscere meglio sé stessi, per ricominciare ad essere nuovamente liberi. Una delle mie massime aspettative è tentare di far capire quanto è opportuno essere veramente liberi dentro. Non ho mai ceduto a giudizi, pregiudizi, interpretazioni. In verità voglio sempre più fidarmi dell'altro, perché ho sempre sostenuto che ognuno è veramente un mondo, che ci insegna sempre qualcosa, a volte ciò che bene potrebbe anche non essere giusto o non utile, allora si ha il dovere di capire che essere liberi ha senso nel rispetto della libertà altrui, ognuno va rispettato così com'è senza dipingere, anche solo per errore non voluto, la tela dell'altro con colori diversi, a meno che non si voglia dipingere assieme un quadro, perché ognuno ha i suoi colori, la sua visione del mondo, i suoi gusti, odori, la sua musica, i suoi tempi, il suo ritmo; l'unica cosa che spero possa avvicinare sempre più chiaramente e fedelmente le persone è la nostra fiducia prima in noi stessi e nella nostra libertà.

Ognuno è opportunità di crescere e di comprensione per tentare quello che di più grande c'è in noi: l'amore, la pace. Farsi del male è troppo facile. Ogni giorno ricomincia e ci offre la possibilità di iniziare ad essere noi stessi sempre più rinnovati e migliori e nel rispetto degli altri. E ritrovare in modo diverso la fiducia in sé e negli altri, senza mai smettere di rispettarli e di amarli, è la cosa più grande che si possa fare.

Essere felici è possibile.

Eleonora 33 anni. Mi diceva che non può fingere davanti alla disperazione e che da anni sente di essersi rassegnata alla felicità. Dopo due ore (sarà troppo lo so) ho avuto una forte gratificazione. Un bel confronto che sintetizzo così. Premetto che faccio questo, ovvero di condividere, perchè penso che in qualche modo possa essere utile.

Cominciamo allora...Tutti, nessuno escluso chi prima o chi dopo, ci troviamo a dover affrontare situazioni che ci mettono così tanto alla prova da farci provare la cosiddetta disperazione, smettiamo dunque pian piano di sorridere alla vita, come se morissimo dentro. Premesso che nessun essere umano è un super eroe, un robot dispensato da prove e sofferenze, e qualunque sia l'evento o la situazione che ci spezza dentro, diciamo che è come decidiamo di affrontarla che muterà le nostre emozioni, sentimenti e convinzioni e quindi la nostra idea di felicità.

E dico idea, perché molti ne hanno ahimè una sbagliata, inumana direi. Non smetterò mai di affermare ad alta voce che prima di tutto è utile, nonché è un bene, comprendere in quale condizione ci troviamo, ponendoci una semplice domanda: "questa situazione è sotto la mia gestione e il mio libero controllo?" Quale parte di me è in gioco? Ricordiamoci che in fondo agire anche nei confronti del dolore e non reagire è come dire decidere come vivere ciò che ci sta accadendo. Capisco che la cosa è al quanto difficile, ma bisogna anche comprendere che il nostro status mentale di fronte al dolore è quello che lo estende a tutti gli altri aspetti della nostra vita impedendoci di vivere serenamente il qui ed ora. No non è un caso che io abbia un tatuaggio che dice: "Divide et impera", è la cosa più difficile da fare, ma anche quella più utile per il nostro benessere. Separare il vero sé da ciò che accade e che fa parte di un percorso senza cadere nel tranello che siamo noi come "essere" a soffrire. Attenzione non sto dicendo di far finta che la sofferenza non ci sia o negare il problema, si tratta piuttosto di non lasciarsi sopraffare da queste emozioni, si tratta di non cadere nella disperazione per situazione che non possiamo modificare. La vita va accettata così com'è, non è la ragione che può liberarci, semmai la sua assenza. La felicità non è il raggiungimento di qualcosa fuori di noi, non dipende da altro o da qualcosa, la felicità è una scelta, ognuno deve dirsi: l'ho decisa consapevolmente dopo l'ennesima grossa delusione. Beh non indugiate, ma agite. Affrontare le situazioni forse non servirà a modificarle completamente, ma almeno non avrete rimpianti per non averci nemmeno provato.

Accogliere e contemplare una delusione, un fallimento o un dolore, non significa rassegnarsi, significa non lasciarsi sopraffare. Non siamo nati per soffrire. Il dolore e la sofferenza vengono a dirci che qualcosa in noi e' pronto per cambiare, che dobbiamo seguire il nostro parto dell'attimo, che dobbiamo realizzare il nostro vero sé. Ricordiamoci che noi non siamo il nostro passato né il nostro futuro, tutto quello che abbiamo è qui e ora.

Il qui ed ora è l'esatto momento in cui ci troviamo, è esattamente ciò che stiamo facendo in questo preciso istante. Troppo spesso lasciamo che il nostro problema pervada la nostra mente anche quando siamo impegnati a fare altro, al lavoro, in famiglia o in macchina nel tragitto verso casa. Concentriamoci su quello che stiamo facendo, e su chi siamo realmente e con naturalezza. sorridete, apriamoci ogni giorno alla vita con un sorriso, sempre, anche quando siamo tristi, sorridiamo anche avendo pianto, anzi proprio tra le lacrime se occorre, perché mettersi in rapporto con il sé autentico dinnanzi alle proprie emozioni negative con la forza del sorriso le trasformerà in una energia che ci porterà in ciò che è più giusto per noi. L'anima sa dove andare.

La psicologia dell'innamoramento

Vi siete mai chiesti perché tutto è così colorato quando si è innamorati? L'amore è una delle esperienze più estatiche che una persona possa avere nella vita. La beatitudine e l'euforia dell'amore e la soddisfazione di avere un legame intimo con la persona che ami può capovolgere la tua vita. L'amore non è solo una sensazione, ma sia gli aspetti positivi che quelli negativi dell'amore possono far impazzire il nostro corpo. Mentre l'amore può sembrare molto semplice ma può avere cambiamenti complessi nel modo di pensare e di comportarsi. L'amore può dimostrarsi un'esperienza innegabilmente potente e sconvolgente. Ma perché l'amore è così forte e qual è la base psicologica dietro di esso? Diamo uno sguardo agli aspetti psicologici dell'innamoramento. Di seguito sono riportati alcuni fatti che ci mostrano cosa succede nel nostro cervello e nel nostro corpo quando ci innamoriamo.

1. <u>L'amore produce cambiamenti chimici nel corpo</u>

Hai mai sperimentato che guardare la persona che ami non solo ti fa sentire meglio, ma senti davvero la sensazione in tutto il tuo corpo? Potresti sentire che il tuo cuore agisce insolitamente o più veloce o più lento, i tuoi palmi delle mani possono sudare, il tuo corpo potrebbe tremare e senti anche un improvviso picco di euforia nel tuo corpo. Questo accade perché quando ci innamoriamo, ci sono effettivi cambiamenti chimici in corso nei nostri corpi. Quando siamo innamorati il nostro cervello trabocca di sostanze chimiche come la dopamina e l'ossitocina. Queste sostanze chimiche migliorano le aree del nostro cervello che sono legate ai sistemi di piacere e di riconoscimento.

Questi cambiamenti chimici introducono effetti fisici nel nostro corpo così come meno dolore, più gioia e la dipendenza. Allo stesso modo, quando coccoli, abbracci o baci il tuo partner, si ottiene una scossa istantanea di relax e tutto il tuo stress svanisce perché il tuo cervello viene inondato di ossitocina.

2. <u>L'amore a seconda della tua relazione può eliminare o aumentare lo stress</u>

L'amore può funzionare agli estremi. L'aumento dei livelli di dopamina e ossitocina può rendere il tuo corpo rilassato e quasi completamente privo di stress. Tuttavia, se le cose vanno male, questa dipendenza affettiva può anche avere un effetto completamente opposto. Il cortisolo è un ormone che può aumentare lo stress nel nostro corpo e quando inizialmente ti innamori e non sai se l'altra persona prova lo stesso per te, si va in un maggiore stato di stress. Le fasi iniziali dell'amore, sono un momento pazzesco dove stai cercando di sviluppare intimità con un'altra persona. L'ansia che piaci o meno all'altra persona può portare a cambiamenti ormonali, paura e fluttuazioni dell'umore.

Tuttavia, se la tua vita sentimentale sta andando bene, può ridurre lo stress in modo significativo a lungo termine.

3. <u>Siamo programmati per sviluppare connessioni</u>

Innamorarsi è una caratteristica intrinseca. Ci sono molte forze cosciente e subconscio all'opera che ci rendono intensamente interessati ad un'altra persona. Mentre è vero che possiamo attribuirlo alle nostre influenze biologiche e chimiche, ma è molto più profondo di quello. Innamorarsi di qualcuno e sviluppare una relazione che dura tutta la vita dà significato alla nostra esistenza. Lo sviluppo di connessioni più profonde ci aiuta a dare un senso alla nostra vita. Quando condividiamo la nostra vite con qualcun altro che amiamo profondamente, arricchisce la nostra esperienza. Amare può farci sentire come se appartenessimo a qualcuno che ci fa sentire convalidati. È la massima espressione significativa e la vita senza significato può essere difficile e noiosa. L'amore significa anche esserci l'uno per l'altro nel momento della malattia e salute. Le buone relazioni possono tirare fuori il meglio di te e dell'altra persona. Non puoi ignorare un simile legame poiché le persone sono naturalmente attratte verso la persona che li rende migliori. Le relazioni basate solo sull'attrazione fisica svaniscono solo dopo un paio di mesi, ma se il tuo partner è qualcuno che è anche tuo amico sotto l'elemento romantico, allora questo potrebbe rendere la tua vita molto più soddisfacente.

4. <u>Ti senti più sicuro, più felice e talvolta anche dipendente</u>

Essere innamorati e lasciare entrare a qualcuno nella tua vita può farti sviluppare fiducia nei confronti del tuo partner. L'ossitocina rilasciata attraverso il contatto fisico può rafforzare il tuo affetto con qualcuno e produrre sensazioni di appagamento, piacere, sicurezza e calma. Tutti gli elementi positivi che provi a causa dell'altra persona possono farti sentire sicuro e protetto. Essere innamorati è anche un fornitore naturale di aumento dei livelli di dopamina nel corpo. La dopamina è la sostanza chimica che regola il centro del riconoscimento e del piacere. Quando il vostro partner è il motivo di quella sensazione gratificante, il corpo tende automaticamente a sentirsi più sicuro intorno a loro. Gli studi hanno dimostrato che quando vengono mostrate le immagini dei propri cari, le aree cerebrali delle persone associate alla dopamina mostrano una maggiore attività. A causa di tali forti influenze, l'amore può anche renderti dipendente dall'altra persona. L'amore è un bisogno a cui una volta ci si abitua, non si può ignorare per lunghi periodi. I giunchi di ossitocina e dopamina possono farti desiderare di più. Gli studi hanno dimostrato che innamorarsi colpisce il cervello proprio come fa la cocaina. Questo attiva le stesse parti del cervello e scatena la stessa euforia della cocaina, degli oppioidi e di altri farmaci che creano dipendenza. L'amore e l'innamoramento sono due cose diverse. Nello specifico, l'amore è caratterizzato da fasi e l'innamoramento è una di queste. Avete presente le cosiddette farfalle nello stomaco? Di sicuro, sappiamo che questa fase non è eterna, ma quanto dura?

1. Innamoramento: sconvolgimenti fisici ed emotivi

L'innamoramento può essere definito come l'affetto che porta ci porta a cercare una relazione intima con un'altra persona: la fase che caratterizza l'inizio di un amore e che tende a manifestarsi con diversi segnali: il cuore batte all'impazzata e le mani sudano. Il nostro corpo, in questa fase, libera diversi ormoni: endorfine, ossitocina, testosterone (l'ormone del desiderio sessuale) e la dopamina. L'innamoramento si manifesta allo stesso modo sia per gli uomini che per le donne, anche se qualche differenza sembra esserci tra i due sessi: negli uomini l'aspetto sessuale prevale sul resto, mente nelle donne le emozioni sembrano avere la meglio. In questa fase, risulta esserci anche una forte idealizzazione dell'altro: le differenze risultano essere quasi impercettibili. Ci si sente attratti, quasi rapiti dall'altra persona. Insomma in un certo senso la chimica interna ha un ruolo nella scelta sentimentale: è grazie a questa, infatti, che l'altro ci appare così speciale.

2. Il meccanismo alla base dell'innamoramento

Psichiatri, psicologi, affermano come nell'innamoramento sia coinvolto anche il nostro inconscio: sembra essere proprio lui a scegliere chi potrà soddisfarci e piacerci, in base a quello che sono la voce o i gesti dell'altra persona: in pratica questi risultano essere degli elementi che, a loro volta, risvegliano in noi ricordi e legami primordiali. E' come se i nostri sensi si posassero su quello che stiamo cercando: arriviamo quindi a proiettare i nostri desideri sull'altro.

3. Quanto dura l'innamoramento

Secondo la ricerca scientifica, la fase dell'innamoramento, dura circa tre anni. Successivamente, inizia ad assumere un'altra forma. L'innamoramento lascia il posto ad un amore più consapevole, alla razionalità, ai progetti e alla stabilità. Questo non significa non vivere più emozioni ma, semplicemente, vengono accompagnate anche da altro allo scopo di stabilire e consolidare il legame. Bader e Pearson, a tal proposito, hanno paragonato lo sviluppo dell'amore di coppia, che parte dall'innamoramento, con quello del bambino: hanno infatti affermato che, come le basi dell'attaccamento si formano nei primi tre anni di vita del bambino, così ogni coppia passa dalla fase dell'innamoramento ad un rapporto d'amore adulto: in tre anni scopri le caratteristiche di una coppia felice.

4. <u>La fase dell'amore: cosa subentra?</u>

Dopo l'innamoramento, subentra l'amore: una condizione che presuppone la voglia concreta di avere progetti comuni e voglia di concretezza. Si va in contro ad un amore maturo e maggiormente consapevole. D'altronde, noi umani cerchiamo anche questo: sicurezza e stabilità. Spesso c'è chi rimpiange la fase dell'innamoramento, che viene ricordata come piena di leggerezza e passione sentendo la necessità di riprovare quelle sensazioni iniziali: il corteggiamento costante, scoprire il partner in tutti i suoi aspetti, sempre di più e avere in mente solo lui, per l'intera giornata. Insomma, spesso si vorrebbe ritornare indietro e provare quel pizzico di follia, forse perché si crede sia quasi impossibile riprovare certe cose, anche a distanza di tempo. Dovete sapere, però, che anche a distanza di anni, si possono riuscire ad avere quei piccoli momenti di follia.

5. Consiglio per mantenere viva la passione

Innanzitutto, accettate il fatto che ogni cosa ha il suo tempo. In ogni caso, non è detto che quello che verrà in futuro non possa essere ugualmente bello e entusiasmante. Evitate di dare per scontato l'altro: rinnovatevi, fate sempre cose nuove: è l'abitudine ad uccidere le emozioni, l'amore inconsapevole e immaturo.

6. Come capire se siamo in presenza di vero amore?

Se volete la felicità dell'altro, se considerate importante il suo pensiero, se vi date reciprocamente delle attenzioni, se vi rispettate e, al contempo, continuate ad avere rispetto di voi stessi, non potete che essere in presenza di questo. Per mantenerlo vivo, coltivate progetti ed obbiettivi comuni, condividete momenti di intimità di coppia, ma ricordate anche di ritagliarvi i vostri spazi personali. In questo modo, riuscirete a mantenere vivo il rapporto e a provare, anche se diversamente dalla fase iniziale, dei forti momenti di piacere nello stare con l'altro/a. E se così non fosse? Non possiamo che suggerirti di provare ad affidarti ad uno psicologo di coppia che possa aiutarvi a ritrovare la sintonia e a recuperare il rapporto che in molti casi, rischia di perdersi per strada.

7. Cos'è la filofobia

Ogni essere umano ha paura di qualcosa, qualcuno ha anche paura di amare! Talvolta ciò che la mente umana percepisce come una minaccia è l'imprevedibile, l'ignoto, perché ciò che non si conosce è visto come incontrollabile. Ma talvolta ad incutere paura potrebbe essere uno scenario che all'apparenza non possiede nulla di minaccioso, e in questi casi il soggetto ha una grossa difficoltà a spiegarsene le motivazioni. Così, molti soggetti sperimentano una filofobia, ovvero paura di amare, paura di innamorarsi o paura di instaurare una relazione alla cui base ci sia un vero innamoramento. Tutti noi siamo soliti considerare l'amore come un qualcosa di positivo, qualcosa che dà un beneficio alla persona e non una cosa da evitare. Eppure diverse ricerche evidenziano che molti individui dichiarano di aver paura dell'innamoramento e paura di amare davvero un'altra persona, anche se di fatto dall'altra parte ricercano vicinanza, affetto e stabilità come tutti. Infatti, sono molti i soggetti che quando si innamorano esperiscono emozioni molto intense che percepiscono come incontrollabili e pericolose, perché prendono il sopravvento sul proprio modo abituale di fare e di pensare. Tutti siamo alla ricerca di un amore, ma a volte vivere una relazione seria spaventa; talvolta contro la voglia di lasciarsi andare ci sono tante resistenze mentali, che bloccano e non permettono di vivere serenamente una storia d'amore. Si parla dunque di filofobia o paura di innamorarsi mentre altri parlano di anoressia sentimentale, quando non si riesce ad amare davvero per il timore di soffrire (o soffrire ancora), ipercontrollando i propri sentimenti e esasperando il proprio bisogno di indipendenza e invulnerabilità. Il filofobico può arrivare a manifestare veri e propri sintomi di ansia e una paura sconsiderata e irragionevole, che lo spinge a evitare tutte quelle situazioni, o persone, che potrebbero portarlo ad un coinvolgimento sentimentale.

In alcuni casi, la paura di amare non si manifesta solo con difficoltà nell'approcciarsi all'altra persona, vista come un pericolo alla propria stabilità emotiva, ma può portare a sperimentare dei veri e propri attacchi di panico.

8. Cause della filofobia

Sono tante le sfaccettature della stessa dinamica, che impedisce di stare serenamente in coppia e costruire un futuro insieme ad un'altra persona, in quanto la paura di amare porta ad atteggiamenti che fanno sentire il partner non amato e poco importante. Ci può essere un timore di perdere il controllo della situazione, tipico delle persone molto razionali o di quelle che hanno sofferto per amore. Si tratta di una sorta di reazione di allerta che si attiva quando si capisce che la storia si fa più seria e si inizia a sentire di essere dipendenti emotivamente dall'altro. Queste sensazioni all'inizio di una relazione (ma solo all'inizio) sono normali e anche entro certi limiti funzionali perché l'innamoramento comporta necessariamente una perdita di controllo e un affidarsi all'altro. Quando però si è abituati a controllare sempre tutto, per carattere o per difesa da una potenziale sofferenza, non si è disposti a vivere in funzione dell'altro e quindi si ha talmente paura di amare da allontanarsi (e allontanare l'altro) quando più ci sarebbe da avvicinarsi e lasciarsi andare. L'innamoramento è considerato una debolezza, qualcosa che ci rende vulnerabili e dipendenti, e l'altro diventa un potenziale pericolo. Succede proprio l'opposto di quello che dovrebbe accadere in amore: invece che sentirsi sicuri vicino al partner, ci si sente fragili. Quando i sentimenti forti sono intesi come fonte di insicurezza e pericolo, la filofobia prende il sopravvento e non ci si lascia più andare. Quando, invece, l'amore passato è stato fonte di sofferenza, si teme di ritrovarsi nella stessa sensazione, di essere abbandonati, feriti, traditi o umiliati, e si cerca di razionalizzare e controllare, (per quanto possibile), il proprio coinvolgimento. Questo con l'illusione che sia proprio questo atteggiamento di chiusura a renderci immuni dalle future sofferenze d'amore. Inoltre, talvolta si ha paura di impegnarsi perché la paura d'amare nasconde una paura della perdita di libertà. Spesso viviamo l'amore come un vincolo o un limite, che comporta impegno e responsabilità. Amare diventa un obbligo, una costrizione all'interno di una relazione, dove adattare la propria vita alle esigenze e alle aspettative dell'altro è vissuto come uno sforzo anziché un piacere e un arricchimento quale dovrebbe essere.

9. Gli effetti della filofobia sul partner e sulla relazione

La persona che soffre di filofobia, talvolta, pur essendo consapevole dell'infondatezza della propria paura, non riesce a fare a meno di fuggire dalle relazioni, combattuta, da un lato, dal desiderio di lasciarsi andare ai propri sentimenti e a quelli del partner, e spinta, dall'altro, a scappare, per sedare l'ansia e il forte stato di tensione che finiscono col prendere il sopravvento. Anche quando riesce a stare in una relazione, alterna momenti di vicinanza ad altri di distacco, sta sempre sulle difensive, un passo indietro; spesso ciò genera anche difficoltà sessuali, soprattutto per le donne, il cui piacere passa attraverso il lasciarsi andare, la perdita di controllo, e quindi implica la fiducia totale nel partner.

Capita inoltre che queste persone che hanno molta paura di amare scelgano deliberatamente di intraprendere storie d'amore difficili e impossibili (partner sposati/fidanzati, a grande distanza, addirittura solo "telematici", ecc.), stando bene attente a cogliere ogni piccolo segnale che faccia loro capire quando è il momento giusto per prendere le distanze e mettersi al riparo.

Il più delle volte, però, questa attenzione estrema ai segnali di minaccia abbandonica, sulla base della loro paura e sfiducia verso l'altro, le porta ad investire limitatamente sulla relazione, ad allontanarsi per prime e a sminuire l'importanza del partner, ferendolo ripetutamente e facendolo sentire poco amato, con l'alto rischio che questo si allontani davvero per sana auto-protezione.

10. Come affrontare e superare la filofobia

Innamorarsi è senza dubbio un'esperienza che mette in gioco aspetti profondi della nostra personalità. Condividere la propria vita con la persona che si "sceglie" di amare, infatti, vuol dire mostrare all'altro aspetti intimi del proprio sé, rendersi debole e vulnerabile. Il rapporto di coppia rappresenta un delicato gioco di forze, all'interno del quale è necessario, per trovare un equilibrio funzionale, da una parte adattarsi e modificare alcuni comportamenti o atteggiamenti propri per sentirsi più vicini al partner e donargli amore, e dall'altra riuscire a rimanere sé stessi, mantenendo i propri spazi di intimità e autonomia. Se l'amore è sinonimo di coppia, e questa di limiti, rinunce e responsabilità, nonché di minacce alla nostra stabilità emotiva e alla nostra indipendenza, è normale avere paura di amare. Per prima cosa, però, bisogna ricordare che la relazione di coppia non è un obbligo, ma una scelta. Abbiamo paura di rimanere delusi dagli altri ma il problema della delusione sono le nostre pretese. Si ha paura di amare perché si teme di non ricevere quello che desideriamo. Se ci si continua a illudere che la nostra felicità dipenda da cosa fanno gli altri, avremo sempre troppe pretese verso l'esterno, con alta possibilità di restare delusi e soffrire. In questo modo è normale, inevitabile, avere paura di amare. Se partiamo dall'idea che sia negli altri la capacità di farci stare male, è inevitabile tenerli lontani quando i loro comportamenti non sono come vorremmo. La paura di amare impedisce di dare amore, ma anche di riceverlo a lungo termine. Paradossalmente è amare il solo rimedio alla paura d'amare. Diventa un circolo vizioso, perché più si ha paura di amare, meno si ama e più si soffre, pensando però che la causa di tutto sia fuori di noi perché gli altri non ci amano. Così nascono le pretese, il desiderio che gli altri siano come vorremmo, perché si pensa che se così fosse, staremmo bene. Il problema è che la paura di amare porta a pretendere amore (per sentirsi al sicuro) senza darne e senza darsi, col risultato che l'altro, qualora ci amasse, col tempo smetterà di farlo. E' molto importante diventare pienamente consapevoli dei propri vissuti emotivi, rendersi conto di quanta paura abbiamo di abbandonarsi all'amore, ma pretendendolo. Riconoscere questa paura non è facile, perché può mascherarsi dietro mille "giustificazioni" quali ad esempio malessere, disinteresse per le relazioni. Nel caso in cui, il disagio generato dalla paura d'amare prenda il sopravvento è consigliabile ricercare il supporto di uno psicoterapeuta, al fine di trovare, all'interno di un contesto d'ascolto adeguato, uno spazio utile a superare i timori relazionali e imparare a lasciarsi andare, a dare per il piacere di dare e di amare senza pretendere di ricevere. Chiedere aiuto è il primo passo per iniziare ad affrontare la paura d'amare, poiché attraverso la psicoterapia si sperimenta una relazione alla cui base c'è la fiducia e la possibilità di affidarsi; capire l'origine delle ferite e imparare a risanarle può permetterci di riscoprire quanto può esser positivo per viver meglio, aprirsi (o riaprirsi) alle relazioni affettive, concedendosi il lusso di rischiare di essere felici. L'amore è sicuramente qualcosa di più di un semplice sentimento e può cambiarci sia dentro che fuori, mentalmente e fisicamente. La forza dell'amore può far sì che avvengano cambiamenti drammatici a livello genetico che è qualcosa di completamente fuori dal nostro controllo.

Essere innamorati può avere un impatto drastico sulla tua vita, inducendo diversi cambiamenti biologici e riducendo lo stress, alleviando il dolore e rendendoti molto più felice.

L'amore è mancanza: non vuole ragioni, non chiede cause o spiegazioni.

"*Amava ad occhi chiusi, senza vedere chi fosse l'amato. Non c'è favola più bella che 'Amore e Psiche'.*"

Ma... chi sono Amore e Psiche? Come spesso accade nei miti, anche questa storia di Apuleio comincia con i capricci di una divinità, vale a dire Venere. Alle sue orecchie giunge una voce apparentemente innocente: sulla terra c'è una principessa, di nome Psiche, la cui bellezza non può essere descritta con parole umane. In preda alla gelosia, la dea ordina al figlio Amore di indagare e di punire la giovane, scoccandole una freccia capace di farla innamorare di un essere immondo. Il piano malefico va a rotoli quando Amore, rimasto folgorato dalla bellezza della donna, si ferisce distrattamente con una delle sue armi amorose. La passione diventa subito incontrollabile e così decide di rapire la donna e di tenerla al buio in un luogo sicuro, lontano dagli occhi di sua madre. Psiche — che non è certo una monaca — si lascia sedurre, ma il fatto di non vedere il volto del suo amante la inquieta parecchio — d'altronde sappiamo che la curiosità è femmina! Con un sotterfugio riesce ad illuminare con una candela il viso di Amore, ma quest'ultimo rimane notevolmente scocciato del suo comportamento e decide di allontanarsi. La ragazza pur di riavere il suo amato si sottopone a diverse prove ordite da Venere, rischiando addirittura di cadere in un sonno eterno. Alla fine il dio dell'Amore interviene e la salva. All'amore non serve un motivo. Intanto vorrei ricordare Platone, con il "Simposio", con le splendide parole di Socrate: "perché amore è mancanza". In amore deve mancare qualcosa. Prima di fare un'analisi psicologica, leggete con attenzione queste parole: L'amore, infatti, sostiene Socrate, non è desiderio di bellezza, ma desiderio della bellezza di cui si è privi. Nell'amore l'amante cerca nell'amato l'oggetto della sua mancanza e si dispone a quel movimento di offerta e sottrazione che sigla il suo carattere paradossale: la disparità tra amante e amato, quell'asimmetria che è dell'amore ostacolo ma anche fondamentale motore. L'amore sembra dunque ergersi anzitutto su una mancanza, ma una mancanza non rassegnata, sempre in cerca... sempre in cammino. Amore, infatti, ci racconta Socrate è figlio di Penia (la povertà, il bisogno, la mancanza, appunto) che, giunta alla festa per la nascita di Afrodite (la bellezza), vede Pòros (l'ingegnosità, l'espediente, colui che sa trovare il cammino anche dove la strada - Pòros- è sbarrata) che dorme ubriaco, e gli si sdraia accanto per poter rimediare alla propria povertà avendone un figlio. Da loro nascerà Eros. Figlio di Penia, Eros, è, dunque, sempre indigente, mendicante, ma come Poros è inventivo, astuto e capace di trovare la giusta strada per perseguire quella bellezza che ama (poiché nel giorno della sua nascita è stato concepito) con la consapevolezza che non potrà mai raggiungerla perché, come il filosofo è amante del sapere ma non è sapiente (se no non potrebbe amarlo), così anche l'amore è amante della bellezza, ma sa che la sua natura consiste nel perseguirne la mancanza, non nel colmarla, pena il decadere dello stato di amante.

Socrate ci dice, proprio nel Simposio, che solo la mancanza promuove il desiderio e solo il desiderio è in grado di suscitare l'amore. Come bene riassume Jacques Lacan nel suo VIII Seminario: "L'amore è dare ciò che non si ha, e non si può amare se non facendosi non aventi, anche se si ha. L'amore come risposta implica il campo del non-avere. Dare ciò che si ha, è la festa, non è l'amore.". L'uomo è, prima d'ogni altra cosa, un essere immaginante, capace cioè, a differenza degli altri animali, di pensare a ciò che ancora non esiste e poi, volendo, di crearlo, di farlo esistere, affinché, attraverso questa creazione, supplisca ad una mancanza che nutre dentro di sé e che, attraverso la cui comparsa, gli dia modo di sperimentare la possibilità, dalla mancanza prefigurata, che la sua vita migliori. L'oggetto o il soggetto degno del nostro amore, qualunque esso sia, non preesiste all'amore, ma è da questo creato sulla base di una intrinseca predisposizione ad amare, ossia a desiderare, a volere l'amore. La "prima mossa" per una storia d'amore è comprendere che non ci si può basare su qualche tipo di calcolo, conscio o inconscio che sia. In pratica, allo base dello stare insieme non deve esserci un "perché". Insomma, il motivo "vero" del mettersi insieme dovrebbe risiedere in un mistero. Solo il senso del mistero, l'intuizione di qualcosa di inspiegabile, la sensazione che quella persona (quella relazione) rimandano a una dimensione "altra", più ampia, sono garanzia iniziale di una "buona unione". Non bisogna sapere perché si sta insieme, non bisogna riuscire a spiegarselo e a spiegarlo agli altri: è già un buon passo verso una scelta potenzialmente felice. Se la motivazione della scelta, infatti, risiede in un "altrove" non raggiungibile, vuol dire che non risiede nella mente, nei suoi calcoli, nei suoi ideali. E non potrà essere facilmente scalfita dai cambiamenti e dalle difficoltà della vita, dalle nevrosi di ognuno, dalle influenze e dalle aspettative che ci sono intorno. Scegliamo la via misteriosa: sarà più facile sentirsi nel posto adatto alla nostra anima. Quando inizi una relazione non sbandierarlo ai quattro venti e non chiedere l'approvazione di amici e parenti. Il rischio è di "inquinare" le tue percezioni e i tuoi comportamenti con le opinioni e le aspettative altrui o con il tuo bisogno di dimostrare agli altri qualcosa. La stessa accortezza va usata nei momenti di crisi: non violare la privacy esponendo i vostri problemi a troppe persone, altrimenti il mistero che vi lega non potrà agire come "farmaco". Hai scelto la via del mistero, ciò che vi unisce è insondabile e prezioso; poi però arrivano i fi gli, la routine e tutto rischia di guastarsi. È un rischio alto. La coppia deve sempre trovare tempo per rinnovare la propria "sacralità": momenti solo per voi due, uscite, mostre, interessi da non lasciare nel cassetto per troppo tempo. Esaurirsi in una funzione (la mamma, il papà), finisce per danneggiare la coppia. Continuate a essere almeno un po' imprevedibili e l'unione se ne gioverà. Di fronte a un partner che, col suo modo di essere, ti fa soffrire di continuo, non c'è mistero che tenga: sii ragionevole e molla la presa. In ogni caso non è col tuo sacrificio che cambieranno le cose, anzi: spesso chi ci fa soffrire si adatta meglio a un partner remissivo e paziente.

Il rischio è di innescare una situazione di "vittima e carnefice" in cui entrambi ottengono psicologicamente qualcosa, a un prezzo però altissimo, specie per la salute della vittima.

Tutti noi proiettiamo psicologicamente su un possibile partner tutta una serie di fattori inconsci: bisogni infantili, conflitti irrisolti, richieste di riscatto, lenimento di traumi. Chi vorrebbe in realtà un genitore, chi cerca un salvatore o una principessa da salvare... Attenzione: tutto questo offusca la scelta e il futuro. Cerchiamo di conoscere di più la nostra psiche, così eviteremo di cercare qualcosa che l'altro non può e non deve darci. Fai il possibile per non crearti nella mente un "partner ideale", con precisi requisiti, altrimenti sarai attratto non dalla persona in sé, ma dalla sua immagine, che non potrà che essere smontata dalla conoscenza reale: siamo umani e non idee perfette. Al contempo non inseguire neanche simboli di status né modelli indicati dai genitori, per lo stesso motivo. Nonostante molti di noi si considerino furbi, l'ingenuità è dietro l'angolo. E la più grande è pensare che ci potrà piacere un partner che non ci suscita l'attrazione di cui abbiamo bisogno. Non commettere l'errore di pensare che l'eros verrà pian piano, col tempo. È un fatto soprattutto chimico ed è visibile fin da subito. Se non c'è, non verrà.

<u>Ma diciamolo più in chiave filosofica!</u>

Amare non è possedere, non è fondersi. È vedere l'altro per ciò che è, senza volerlo cambiare. La prima cosa che spesso molti erroneamente pensano è che: devo trovare qualcuno che mi completi. In realtà è quando smetti di cercare qualcuno che ti completi, quando capisci che basti a te stesso che puoi essere pronto per amare qualcuno, e non per bisogno. Vi posso dire che io mi sforzo da sempre con amici, a scuola, nel confronto psicologico, di far capire che tutti parlano d'amore ma lo confondono con il bisogno, o con la dipendenza. Molti di noi vivono relazioni intense ma fragili, costruite su aspettative, paure e ferite non guarite. Perché amare davvero significa prima di tutto imparare a stare con sé stessi, senza più confondere il bisogno d'amore con l'amore stesso. Abbiamo sempre pensato che l'opposto dell'amore è l'odio, invece è la paura.

La paura di esporsi, di perdere il controllo, di non essere ricambiati o di non bastare. Ed è qui che arriva il veleno, quante coppie conosciamo e vediamo che nessuno riconosce la libertà altrui? Molti pensano che la libertà va data, parola abominevole, perché semmai la libertà si riconosce. Altra bufala velenosa, quando mi sento dire cerco la persona perfetta? Ma per favore siamo tra umani e meravigliosamente imperfetti.

Quando spiego Platone o anche altri filosofi cerco di far capire che un altro errore è quello di sentirsi dire: se si ama qualcuno veramente sarà eterno, ma smettiamola. L'amore non è una gabbia dorata, né una garanzia di continuità. È il coraggio di guardare l'altro così com'è, senza tentare di modificarlo per i nostri bisogni. È lo spazio in cui due persone si incontrano nella loro interezza, non per fondersi, ma per espandersi. Nel linguaggio psicologico, potremmo dire che l'amore è una relazione tra due soggetti che si scelgono liberamente, senza annullarsi. Nella prospettiva filosofica, è un esercizio radicale di alterità, di apertura all'altro come irriducibile. Per questo, amare davvero è anche accettare che l'altro possa andarsene.

Chi ama nel senso profondo, ama senza catene. Chi ha bisogno di possedere, non ama: protegge il proprio vuoto. L'amore non ci dà sicurezza. Ci dà qualcosa di molto più raro: ci dà verità e necessità di libertà, perché "solo chi è libero può amare. E solo chi ama, è davvero libero." È da questa paura che nasce il bisogno di costruire relazioni "sicure", cercando l'altro ideale, la persona perfetta, priva di imperfezioni, di conflitti, di ombre. Ma una relazione fondata sull'ideale è una relazione immaginaria. Non incontra l'altro, lo sostituisce con un'immagine. Ma chi cerca la persona perfetta, non sta cercando un altro essere umano. Sta cercando un'illusione rassicurante, una proiezione idealizzata che protegga dal rischio di amare davvero. In questa ottica, l'amore autentico non è il luogo della stabilità, ma della trasformazione profonda. Non è possesso, ma esposizione. Non è simmetria, ma incontro. E come ogni incontro autentico, comporta una rinuncia: quella al controllo. Non temiamo l'amore perché è raro. Lo temiamo perché è reale. E il reale, per chi vuole restare al sicuro, è sempre un po' pericoloso. E un'altra distinzione fondamentale: quella tra amore e desiderio. Il desiderio nasce dalla mancanza: è bisogno, tensione verso un oggetto che si vuole ottenere. L'amore, invece, nasce dalla pienezza: è traboccamento, condivisione, presenza. Il desiderio vuole l'altro per completarsi.

L'amore lo riconosce come già intero. desiderare un'altra

persona non significa non amare quella che si ha accanto.

Il desiderio, nella sua dimensione biologica o mentale, può essere molteplice, instabile, temporaneo. L'amore, invece, è radicato in una dimensione più profonda, esistenziale. La mente può desiderare il nuovo, il diverso, l'eccitante. Ma ciò non invalida l'amore, se questo è fondato sulla libertà, sulla fiducia, sull'accettazione.

In una visione matura, il desiderio può esistere senza tradire, e l'amore può includere il riconoscimento dei propri moti interiori senza reprimerli. Non tutto ciò che ci attrae minaccia ciò che ci lega. E non tutto ciò che ci lega deve diventare prigione. Il desiderio è movimento. L'amore è presenza. Chi ama davvero, non pretende di essere l'unico oggetto del desiderio dell'altro. Pretende solo una cosa: autenticità. E in questo, come in tutto ciò che riguarda l'amore, il vero nemico non è l'altro. È la paura.

La paura di essere abbandonati, di non essere abbastanza, di perdere. Ma ciò che può essere perduto con tanta facilità, forse non era mai stato davvero amore. Psicologicamente, potremmo dire che il desiderio muove dall'io, dai suoi vuoti, mentre l'amore autentico nasce quando l'io è disposto a decentrarsi per entrare in relazione. È per questo che l'amore, se vissuto pienamente, è rivoluzionario: non ci offre sicurezza, ma verità. Non ci consola, ma ci sveglia. E forse, più che temere di non trovare l'amore, temiamo che l'amore ci trovi davvero. Perché da quel momento, non possiamo più restare uguali a prima. Amare, allora, non è possedere, non è sacrificarsi, non è fondersi. È vedere l'altro per ciò che è, senza volerlo cambiare. Non si attacca, ma accoglie. Non soffoca, ma lascia spazio.

Psicologia delle relazioni - le persone tossiche

Quali sono le principali caratteristiche dei comportamenti tossici? Cosa fare se siamo vittime di questi comportamenti?

Manipolatrici, aggressive, violente verbalmente...molte persone vengono definite "tossiche" quando hanno un impatto negativo sulla vita degli altri. Ovviamente, quando si utilizza questa espressione non si vuole mettere un'etichetta direttamente a quella persona ma piuttosto ai suoi comportamenti. Non esistono, infatti, persone buone o cattive. Ognuno ha caratteristiche, pregi e difetti diversi e quindi sarebbe impossibile ridurre una persona a un solo aggettivo. Di conseguenza, la parola "tossico" si riferisce a quei comportamenti che mette in atto una persona, in determinati periodi della sua vita, che scaturiscono da disturbi o da problemi concreti. Ciò vuol dire che è possibile fare un percorso di rieducazione e imparare a vivere le proprie relazioni sociali in maniera diversa. Non esistono "persone tossiche" in quanto ognuno di noi ha l'opportunità di cambiare il proprio modo di rapportarsi agli altri. Solitamente, chi mette in atto comportamenti tossici non ha fiducia in se stesso e ha una bassa autostima. Per questo, tende a colpire gli altri con azioni o parole che possono danneggiare le persone che gli sono vicine. Si tratta, dunque, di una sorta di compensazione per evitare di apparire debole o insicuro.

Come si riconoscono questi comportamenti tossici?

Manipolazione e controllo

Per poter raggiungere i propri obiettivi e per non sentirsi inferiori agli altri, le persone che utilizzano comportamenti tossici cercano di manipolare gli altri. Si tratta di una maniera per riuscire ad avere il controllo su qualcosa, piuttosto che sulla propria vita. Riescono a stabilire rapporti di fiducia con gli altri perpoter poi ad avere in pugno l'altra persona.

Invidia

Se la propria vita non risponde ai propri desideri, magari per mancanza di fiducia in sé stessi o per paura di affrontare le sfide di ogni giorno, le vittorie degli altri vengono vissute in maniera negativa. Ciò si trasforma spesso in invidia e in comportamenti che tendono a minimizzare i risultati altrui.

Disprezzo

Quando non si è in grado di mantenere il controllo o di raggiungere gli stessi risultati degli altri, questo vuoto viene riempito, direttamente o indirettamente, con il disprezzo nei confronti degli altri. Si tratta di un modo per evitare di sentirsi in colpa e per le proprie mancanze.

Come comportarsi?

Se la situazione è esasperata e non riusciamo a fronteggiare il comportamento tossico di una persona che ci sta vicino, la soluzione è una: allontanarci, almeno per un periodo, cercando di spiegare le nostre ragioni. Nel resto dei casi, invece, la miglior arma che abbiamo è quella del dialogo. È inutile fare finta di niente. Lasciare che l'altra persona continui a mettere in atto questi comportamenti, infatti, non fa altro che esortarla a continuare. Qualora dovesse essere inutile, anche negli altri casi non rimane che la possibilità di allontanarsi. Mettete dei limiti a questi comportamenti o rischierete di esserne risucchiati. Spesso, infatti, per quanto possiamo trovarci al di fuori di queste dinamiche, la manipolazione può danneggiarci. Un altro strumento a nostra disposizione, inoltre, è quello di consigliare all'altra persona di chiedere aiuto a uno psicologo per migliorare la propria maniera di rapportarsi con gli altri e per sconfiggere la bassa autostima.

Costruire relazioni fa parte della vita. Infatti, le relazioni sono una fonte incredibile di benessere, ci danno il supporto necessario nei momenti difficili e ci danno gioia. Ma ci sono momenti in cui i rapporti non ci apportano nulla di positivo, al contrario, diventano una fonte di stress e di sofferenza.

Succede quando interagiamo con le persone tossiche, persone che ci privano della nostra energia e dell'entusiasmo, che influenzano profondamente il nostro equilibrio emotivo. Perché cadiamo nella rete di una persona tossica? Alcune persone si trovano coinvolte in rapporti tossici senza nemmeno rendersene conto. Infatti è un problema abbastanza comune, dato che non siamo sempre in grado di cogliere subito le vere intenzioni delle persone. Perché?

Siamo in una fase vulnerabile. Se avete cambiato città o avete perso una persona cara, probabilmente state attraversando una fase in cui vi sentite particolarmente vulnerabili. Avere qualcuno al vostro fianco, una coppia o un amico, sarebbe utile, quindi abbassate le difese psicologiche e lasciate entrare le persone tossiche nella vostra vita. Hanno alimentato il nostro ego. Le persone tossiche sono ottimi manipolatori, così in un primo momento appaiono spesso attenti e affascinanti. In realtà, probabilmente li avete fatti entrare nella vostra vita perché vi dicevano quello che volevate sentirvi dire, quando nessun altro lo faceva.

Hanno soddisfatto le vostre aspettative, il vostro ego è cresciuto al punto da impedirvi di vedere la realtà, diventando una sorta di cristallo attraverso il quale vedete solo gli aspetti positivi di questo rapporto.

Desideriamo ottenere l'approvazione. Voler piacere a tutti a qualsiasi costo, cercare l'accettazione da parte degli altri porta spesso a stabilire dei rapporti tossici. In questi casi la persona si rende conto che l'altro è un manipolatore, ma non trova il modo di sfuggire alla sua rete perché pensa che l'eventuale rifiuto da parte sua lo farà sembrare maleducato o lo priverà dell'approvazione di cui ha bisogno.

Come riconoscere una persona tossica?

Quando la persona tossica è qualcuno vicino a noi, come un amico, un parente o anche il nostro partner, è difficile riconoscerla dato che i sentimenti complicano le cose.

Tuttavia, condividere la nostra vita con una persona tossica può diventare molto debilitante e alla fine potremmo venire contagiati dalla sua negatività.

Pertanto, il primo passo per terminare questa relazione è essere consapevoli che si tratta di una persona tossica.

1. Si concentra sempre sul lato negativo delle cose

A volte ci soffermiamo su lato negativo delle cose, è normale, soprattutto quando le cose sono andate male. Tuttavia, ci sono delle persone profondamente pessimiste che vedono sempre il bicchiere mezzo vuoto, non sono in grado di apprezzare gli aspetti positivi della vita ma si concentrano sempre sugli errori e i problemi. Ovviamente, avere sempre queste persone tossiche al nostro lato può essere molto faticoso e scoraggiante perché veniamo contagiati dalla loro negatività.

2. Non ascolta mai i vostri problemi

Si tratta della tipica persona che viene da voi ogni volta che avete un problema ma non è disposta ad ascoltare i vostri problemi e darvi supporto emotivo. Questa persona si aspetta che stiate al suo fianco quando ha bisogno, ma non è disposta ad aiutarvi quando la necessitate. Infatti, è probabile che gli stiate raccontando i vostri problemi e terminiate preoccupandovi dei suoi, che sono infinitamente minori. Ovviamente, una persona così appesantisce la vostra vita e vi fa solo sentire più soli.

3. È sempre pronta a sottolineare i vostri difetti

Tutti noi abbiamo dei difetti e, talvolta, avere una persona onesta accanto che li segnali è utile per crescere e migliorarsi. Ma la linea di demarcazione tra l'onestà e l'ipercritica è molto sottile e può essere superata facilmente. Una persona sempre pronta a segnalare i vostri errori e difetti, che ha sempre la critica pronta, ma che non riconosce mai le vostre capacità e i successi, è una persona tossica; piuttosto che offrirvi il supporto di cui avete bisogno mina la vostra autostima e la fiducia in voi stessi.

4. Vi infastidisce spesso

Nelle relazioni interpersonali è normale che vi siano momenti di attrito causati da opinioni e interessi divergenti. Tuttavia, le persone tossiche riescono sempre a infastidirvi e finiscono per farvi provare delle emozioni negative, perché vi siete arrabbiati o perché vi sentite in colpa. Se ogni volta che incontrate qualcuno finite per perdere l'equilibrio emotivo e vi sentite male, è probabile che si tratti di una persona tossica.

5. Non considera i vostri sentimenti

La maggior parte delle persone è in grado di mostrare un poco di empatia in quanto è una capacità essenziale per sopravvivere nella nostra società. L'empatia non ci permette solo di metterci al posto degli altri, ma anche di equilibrare le nostre parole e gli atteggiamenti per evitare di danneggiare il nostro interlocutore. Ma la persona tossica non si preoccupa dei vostri sentimenti, quindi non esita a calpestarli, perché è lei stessa la sua priorità.

6. Vi pressa perché facciate delle cose che non vi piacciono

Le persone tossiche sono profondamente egoiste, così che spesso non hanno difficoltà a farvi pressione solo per raggiungere il loro obiettivo. Queste persone si preoccupano sempre dei loro interessi e non sono disposti a cedere, quindi utilizzano diversi metodi per farvi pressione e manipolarvi per farvi prendere delle decisioni che vanno contro i vostri valori, bisogni e desideri. Infatti, se non state attenti, potreste terminare con le mani e i piedi legati a vivere una vita che non vi appartiene solo perché la persona che avete accanto vi fa pressione in tal senso.

7. Vi riempie di dubbi

Di tanto in tanto, è bello disporre di un saggio consigliere che ci indichi i rischi che corriamo prendendo determinate decisioni. Tuttavia, ci sono persone che sono solo in grado di vedere le difficoltà e il loro unico obiettivo è quello di seminare dei dubbi. Non sono persone prudenti, ma passano tutta la vita nella paura, perché non hanno il coraggio di lasciare la loro zona di comfort e non vogliono che neppure gli altri lo facciano. Pertanto, sono costantemente impegnate a boicottare qualsiasi progetto, creando incertezza intorno a loro. Queste persone tossiche sono specializzate nel tarpare le ali e cancellare i sogni altrui.

8. Supera continuamente i vostri limiti

Esistono delle persone molto invadenti che non rispettano i vostri diritti e superano spesso le linee rosse che avete tracciato. È come se stessero continuamente tirando la corda per vedere quanto dura la vostra pazienza. Queste persone tossiche invadono continuamente il vostro spazio personale, vi derubano del vostro tempo, e si aspettano che siate sempre disponibili quando hanno bisogno, se non ci siete è probabile che ricorrano alla manipolazione emotiva per farvi sentire in colpa.

9. <u>Non si assume le sue responsabilità</u>

Una persona che non si assume la sua responsabilità, che ha un locus of control esterno, è difficile da gestire perché si starà sempre lamentando. E dato che la responsabilità non è mai sua sarà sempre alla ricerca di capri espiatori su cui scaricare la colpa, quindi non è strano che vi trasformiate in uno di questi. Queste persone sono come bambini piccoli, individui mai maturati che scaricano tutta la responsabilità sulle vostre spalle.

10. <u>Resiste al cambiamento</u>

A volte, quando vogliamo mantenere certe relazioni, dobbiamo cambiare, si tratta di un processo normale, adattarci agli altri. Ma in un rapporto è necessario cambiare entrambi, ciascuno deve superare la distanza che lo separa dall'altro. Se una persona non è mai disposta a cedere e non vuole cambiare, e non ci vuole neppure provare, allora è meglio rompere questa relazione dato che non vi è alcuna volontà o compromesso perché funzioni. Naturalmente, una volta identificata questo tipo di persona e conosciute le sue tattiche manipolative, si deve imparare a gestirla.

Appendice

Arrivati a questo punto del nostro percorso insieme, sento il bisogno di fermarmi un momento e rivolgermi direttamente a te, che hai letto queste pagine con apertura, curiosità, forse anche con emozione. Abbiamo parlato di autostima, di relazioni, di forza interiore, e di quanto sia importante imparare a dire no, proteggere il proprio spazio, coltivare la propria autenticità. Ora vorrei chiudere questo viaggio con alcune riflessioni che uniscono psicologia, filosofia e un profondo senso di responsabilità educativa e sociale. Vedi, non esiste un Sé che non sia anche relazione. Non esistiamo al di fuori dei legami che ci hanno formato, ma possiamo scegliere consapevolmente chi vogliamo essere dentro quei legami. Questo pensiero mi accompagna da tempo. La filosofia esistenzialista ci ricorda che l'essere umano non è un prodotto finito, ma un progetto in divenire. Sartre scriveva che "l'uomo è nulla più di ciò che si fa", e questa frase, nella sua semplicità, contiene un'enorme verità: ogni giorno abbiamo l'occasione di reinventarci, di scegliere, di costruirci. Allo stesso tempo, la psicologia ci dà strumenti preziosi per trasformare questa consapevolezza in pratica. Carl Rogers ha mostrato come il cambiamento autentico avvenga solo in un clima di accettazione profonda: quando smettiamo di giudicarci duramente, quando ci diamo il permesso di essere, e non solo di "fare". E poi c'è Bandura, con il suo concetto di autoefficacia, che ci insegna quanto sia determinante credere in sé stessi per affrontare le sfide, uscire da relazioni sbilanciate, proteggere la nostra dignità.

Sono convinto che quando iniziamo a conoscerci davvero, scopriamo anche una nuova forza: quella di stabilire confini, dire no senza colpa, scegliere amori sani e lasciar andare quelli tossici. Questo non significa diventare duri o chiusi, ma al contrario, diventare più liberi di amare con autenticità. Lo diceva anche Fromm: l'amore vero non chiede la rinuncia al proprio Sé, ma lo nutre e lo rafforza. Tutto questo ha però radici lontane. Il modo in cui siamo stati accolti da piccoli, il tipo di attaccamento che abbiamo sperimentato, le parole che abbiamo ricevuto (o che ci sono mancate), costruiscono le fondamenta del nostro modo di vivere e amare. Ma anche se qualcosa è mancato lungo la strada, nulla è perduto: possiamo sempre riscrivere la nostra storia, rieducarci alla vita, imparare l'amore in una forma nuova, più sana.

Per questo, mentre chiudo queste pagine, non posso non pensare al valore educativo e sociale di ciò che abbiamo esplorato. Riconnettersi con il proprio Sé non è solo un atto individuale: è un atto politico, umano, civile. Perché una persona che si conosce e si ama è anche una persona che costruisce relazioni più giuste, che non si fa manipolare, che rompe il silenzio quando c'è abuso, che educa i figli al rispetto e non al possesso. E questa è la società che io sogno. Non perfetta, ma più consapevole. Non ideale, ma più autentica. Chiudo con le parole della filosofa Martha Nussbaum, che mi stanno molto a cuore: "L'educazione è il punto di partenza per ogni società giusta." Credo profondamente che coltivare il Sé sia una forma di educazione continua.

Un'educazione all'autenticità, alla libertà interiore, alla responsabilità verso sé stessi e verso gli altri. Se anche solo una frase di questo libro ti ha fatto riflettere, se ti ha aiutato a portare luce su un nodo interiore o a compiere un piccolo passo verso te stesso, allora il mio intento è stato raggiunto.

Grazie per aver camminato con me.

Continua a realizzare ciò che sei.

Con sincerità,

Vincenzo Isaia

Bibliografia

A. Bandura, Autoefficacia. Teoria e applicazioni, Edizioni Erickson, Trento, 2000.

A. Bandura, A. (2001), "Guida alla costruzione delle scale di autoefficacia". In G. V. Caprara (a cura di), La valutazione dell'autoefficacia. Erikson, Trento.

B. Anchisi R e M. Gambotto Dessy, Non solo comunicare. Teoria e pratica del comportamento assertivo, Torino, Libreria Cortina, 1995.

N. Branden, I sei pilastri dell'autostima, TEA, Milano, 2006. ISBN 978-8850210466.

C. Bonenti e A. Meneghelli, Assertività e training assertivo. Guida per l'apprendimento in ambito professionale, Milano, Franco Angeli, 1997.

S.R. Covey (2001), "Le 7 regole per avere successo" Franco Angeli, Milano, 2004.

E. Giusti, Autostima. Psicologia della sicurezza di sé, Sovera Edizioni, Roma, 1995.

G.Digilio, Vade retro del pregiudizio. Piccolo dizionario di salute mentale, Roma, Armando, 2005.

S. Laurent, Affermazione di sé, in Come risolvere da soli i problemi psicologici, 1ª ed., Milano, R.C.S. Libri & Grandi Opere, 1993, pp. 8–13, ISBN 88-454-0603-2 (pubblicato nel periodico mensile "Tascabili Sonzogno" - Anno V - Numero 67).

M. Menditto, Autostima al femminile, Edizioni Erickson, Trento, 2004. ISBN 9788879465786.

M. Miceli, L'autostima, Il Mulino, Bologna, 1998.

Robert E. Alberti e Michael L. Emmons, Essere assertivi. Come imparare a farsi rispettare senza prevaricare gli altri, Il Sole 24 Ore, 2003.

Manuali di Psicologia adottati

Giacomo Donati, La psicologia scientifica. Saggio costruttivo, Forlì, Bordandini, 1917.

Umberto Galimberti, Enciclopedia di psicologia, Milano, Garzanti libri, 1999, ISBN 88-11-50479-1.

 Luciano Mecacci, Manuale di psicologia generale, Firenze, Giunti, 2003, ISBN 88-09-02259-9.

Luciano Mecacci, Introduzione alla psicologia, Bari, Laterza, 2004, ISBN 88-15-05778-1.

Roberto Pavese - Il Meccanismo della Coscienza. Milano-Catania, Isis, 1922.

Luigi Pedrabissi, Massimo Santinello, I test psicologici, Bologna, Il Mulino, 1997, ISBN 88-15-05778-1.

Ezio Sanavio, Cesare Cornoldi, Psicologia clinica, Bologna, Il Mulino, 1999, ISBN 88-15-08218-2.

www.ingramcontent.com/pod-product-compliance
Lightning Source LLC
Chambersburg PA
CBHW051351280526
45784CB00007B/2913